FÉDÉRATION DÉPARTEMENTALE
DES FAMILLES NOMBREUSES
DE SEINE-ET-MARNE

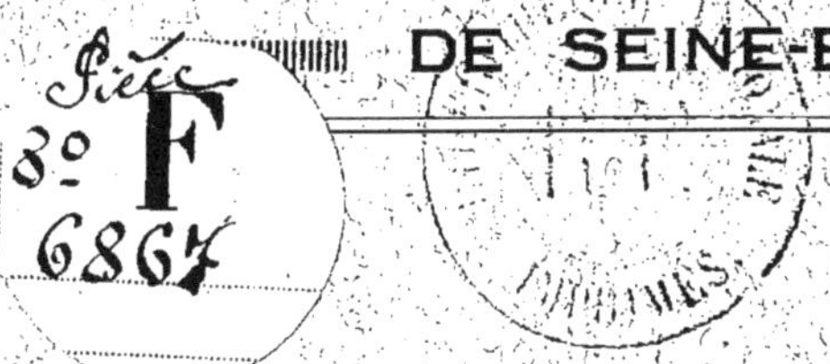

Les Droits des Familles Nombreuses

IMPRIMERIE DE "LA RÉPUBLIQUE"
3, Boulevard Victor-Hugo, Me[illegible]

1930

Groupe de Montereau et Environs

Liste des Commerçants accordant une réduction aux adhérents

	Réduction pour cent
Carini, chaussures, 10, rue Couverte	10
Gabriel, chaussures, 82, rue Jean-Jaurès	5
Gauthier, chaussures, 49, rue Jean-Jaurès	5
Guillaumet, cordonnier, rue Jean-Jaurès	10
Porson, cordonnier, 7, place Carnot	5
Chalmeau, coiffeur, 47, rue Jean-Jaurès	5
Rivault, coiffeur, 87, rue Jean-Jaurès	5
César, tailleur, 23, rue Jean-Jaurès	10
Mathé, tailleur, 7, place au Blé	5
Joseph, chapelier, 97, rue Jean-Jaurès	5
Galeries Parisiennes, 43, rue Jean-Jaurès	5
Blanche Jacques, « Au Bon Goût », 72, rue Jean-Jaurès	7
« Magasins Modernes », Maison Patouteau, 35, rue Jean-Jaurès	7
Mme Picault, lingerie, confections, coiffures, 7, place au Blé	7
« Maison Bleu », vêtements, 20, place au Blé	7
« Maison du Vêtement », ancienne Maison Ponsard, rue du Docteur-Arthur-Petit	5
Chiroux, boucherie chevaline, rue Jean-Jaurès	10
Billy, charcutier, 88, rue Jean-Jaurès	5
Désert, charcutier, 89, rue Jean-Jaurès	5
Desclaux, épicerie, 73, rue Jean-Jaurès	5
Leblanc, épicerie, 17, place Carnot	5
Petitet, vannier, rue Bertin	10
Prévost, photographe, 48, rue Jean-Jaurès	10
Hôtel du Cheval Blanc, 107, rue Jean-Jaurès	5
Boichot, boucher, Lorrez-le-Bocage	5
Boisseau, photographe, 13, place au Blé, pour photos prises en série (identité)	25

CINÉMAS

Les Directeurs de « Majestic » et de « Printania » accordent une réduction de 0 fr. 50 par place.

CORPS MÉDICAL

Médecins, chirurgiens spécialistes. — Présenter la carte. Le tarif appliqué sera réduit dans toute la mesure où la situation le permettra.

Pharmaciens. — 5 % de réduction sur les fournitures (spécialités, eaux minérales, coton exceptés).

Chirurgiens-dentistes. — 2 francs de réduction sur les extractions ; 10 % sur les soins et obturations ; 5 % sur la prothèse caoutchouc.

Groupe de la Ferté-sous-Jouarre

Listes des Commerçants accordant une réduction aux adhérents

Réduction pour cent.

Boucherie : Ragoussi, rue Poterne-Bruno 5

Boucherie Chevaline : Fleurier, rue d'Ussy (pot-au-feu, ragoût) 10

Charbons : Moriolt, rue du Port-aux-Meules 5

— Cognet, rue St-Nicolas (sur livraisons effectuées d'octobre à avril, par sac de 50 kgs.). 0,25

Chaussures : Walle, place de l'Hôtel de Ville 10

— Taillefer, rue des Pelletiers 10

— Boin, rue du Faubourg 10

Confections, Rouennerie, Bonneterie :

- Deslypper, place de l'Hôtel-de-Ville . . . 10
- Paradis des Dames, place de l'Hôtel-de-Ville 10
- Machault, place de l'Hôtel-de-Ville . . . 3
- Romanet, rue des Pelletiers (sauf sur Merc.) 10

Crémerie : Normand, rue des Pelletiers, sur beurres, fromages, conserves 5

— Prévelle, rue Poterne-Bruno 5

Chirurgiens Dentistes :

- Nicolas, rue de Chamigny, sur les soins, sauf les extractions 20
  - sur les appareils 10
- J. Baudin, rue des Bas-Fossés, sur les soins, sauf les extractions 20
  - sur les appareils 10

Epicerie : Mariette, rue du Reuil, sauf cristaux et sel . . 5

— Vignon, rue des Pelletiers, sauf sur sucre, sel, cristaux, pétrole, essence 5

Faiences : Desplat, rue du Faubourg, sur achat de 50 fr. au minimum 5

— Cherrier, place du Marché, sur faiencerie et couronnes mortuaires (minimum 20 fr.) . 5

Mercerie : Warnier, rue du Faubourg 5

Plombier, Articles de Ménage, Lhoste, rue du Faubourg (sur achats en magasin) 3

Quincaillers : Bémont, rue du Faubourg, sur quincaillerie . 5

— Gomard et Leclerc, rue des Pelletiers, sur quincaillerie 10
  sur charbon, par tonne : 10 fr.

Tailleur : Steiner, rue des Pelletiers, sur trousseau pour hommes 5

Maroquinerie, Voitures d'enfants : Vinot, rue du Faubourg 5

Les cartes peuvent être retirées chez M. LANCELIN, secrétaire. 36, rue de Condé, à La Ferté-sous-Jouarre ; elles sont valables du 1er août au 31 juillet de l'année suivante.

Groupe de Château-Landon

Remise accordée aux Membres de l'Association des Pères et Mères de Familles nombreuses de Château-Landon sur leurs achats payés comptant.

Le règlement aura lieu tous les trois mois (2e dimanche) par les soins du Trésorier.

BOUCHERS : MM. Canault, Lecerf, Brulé, 2 0/0.

CHARCUTIER : M. Dusapt, 2 0/0.

ÉPICIERS : MM. Pichet, à part pétrole et sucre, Guyon, Maurice, 2 0/0.

VINS EN GROS : MM. Bossard Arsène, Pépin Fernand, Thoison Jean, Sauvageon Emile, 3 0/0.

CORDONNIERS : MM. Dazon, G. Lavaud, 2 fr. 50 0/0 ; Guénin, 3 0/0.

NOUVEAUTÉS, VÊTEMENTS : MM. Trasbot, 15 0/0 ; Buge, 5 0/0 ; Chevallier, 8 0/0 ; Peberge, 2 0/0.

PHARMACIENS : MM. Bégault, Spéder, 7 0/0, à part spécialités et eaux minérales.

MÉDECIN : M. Gauquelin, 20 0/0, 15 0/0 au sociétaire et 5 0/0 à la caisse sociale.

LE « CAFÉ DE LA MÈRE COP »

Le « **CAFÉ DE LA MÈRE COP** » est un mélange de cafés provenant exclusivement des *colonies françaises* d'Asie, d'Afrique, d'Amérique et d'Océanie. C'est un *produit national*, alors que la majorité, pour ne pas dire la totalité, des mélanges présentés au consommateur est d'origine étrangère.

Le « **CAFÉ DE LA MÈRE COP** » concurrence victorieusement, en qualité, tous les produits similaires étrangers.

A qualité égale, l'acheteur de « **CAFÉ DE LA MÈRE COP** » reçoit, pour une somme inférieure à celle qu'il débourserait dans l'acquisition d'un café étranger, une marchandise de première qualité, d'un arôme exquis, et **cette marchandise est française.**

La France coloniale est à même de fournir à la France continentale, aussi bien, si ce n'est mieux, que l'étranger, tout ce dont elle a besoin. En achetant des *produits coloniaux français* tels que le « **CAFÉ DE LA MÈRE COP** », le consommateur français agit au mieux de ses intérêts personnels et des intérêts de la collectivité française.

Adresser les commandes :

à l'Usine du « CAFÉ DE LA MÈRE COP »

13, avenue de Dammarie

DAMMARIE-LÈS-LYS (Seine-et-Marne)

ou au Dépôt, 163, rue de Flandre, PARIS

BUREAU DE LA FÉDÉRATION

Président d'honneur : M. VERNIN, avenue Thiers, Melun.
Président : M. le docteur BOSC, place Chapu, Melun.
Vice-Présidents : M. ENGELMAN, avoué, à Provins.
— M. VILLEBŒUF, à Champagne-sur-Seine.
Trésorier : M. G. HOUDART, 8, rue Saint-Barthélemy, à Melun.
Secrétaire général : M. DÉFOSSÉ, 6, rue du Général-Humbert, Paris
Secrétaire : M. MAGNET, Ecoles des filles, à Maincy.

BUREAUX DES GROUPES

GROUPE DE MONTEREAU

Président : M. HEDOU.
Vice-Présidents : M. le Dr CASTANG,
M. DUFOUR, à Laval.
Secrétaire : M. DEVOILDE.
Trésorier : M. BUNTZLY.

GROUPE DE LA FERTÉ-SOUS-JOUARRE

Président : M. NAIZON.
Vice-Présidents : M. CRESSON,
M. JULIEN.
Secrétaire : M. LANCELIN.
Trésorier : M. CHIRON.

GROUPE DE PONTHIERRY

Président : M. DEMAISON.
Vice-Président : M. OLIVIERI.
Secrétaire : M. SALARDENNE.
Trésorier : M. BOYAN.

GROUPE DE MORTCERF

Président : M. le Dr SPINDLER.
Vice-Président : M. LEJEUNE.
Secrétaire : M. BOUDROT.
Trésorier : M. KALAS.

GROUPE DE MELUN

Président : M. le Dr BOSC.
Vice-Présidents : M. VERNIN,
M. HOUDART.
Secrétaire : M. MAGNET.
Trésorière : Mme LATOUR.

GROUPE DE CHAMPAGNE

Président : M. TASSON.
Vice-Président : M. LAURENT.
Secrétaire : M. DIDON.
Trésorier : M. NOYAU.

GROUPE DE COULOMMIERS

Président : M. GUAPET.
Vice-Président : M. BROUILLE.
Secrétaire : M. PETIN.
Secrétaire-adjoint : M. BRASSEUR.
Trésorier : M. BONIVEAU.

GROUPE DE CHATEAU-LANDON

Président : M. NOMINÉ Eugène.
Vice-Président : M. MICHAUT Albert.
Secrétaire : M. NORET Jules.
Secrétaire-adjoint : M. BARREAU D.
Trésorier : M. THIBAUT Charles.
Trésorier-adjoint : M. COMBE L.

GROUPE DE PROVINS

Président : M. ENGELMAN.
Vice-Présidents : M. BILLY,
M. MÉLIQUE.
Secrétaire : M. MINEST Ch.
Trésorier : M. PIONNIER.

GROUPE DE REBAIS

Président : M. COUSIN, notaire.
Vice-Président : M. J. GRÉE.
Secrétaire-Trésorier : M. DUPUIS-MARY.

GROUPE DE BRIE-COMTE-ROBERT

Président : M. SAVARY Paul.
Vice-Président : M. DEROUBAIX Al.
Secrétaire : M. VEYSSADE Léonard.
Secrétaire-adjointe : Mme RIVIÈRE.
Trésorier : M. LASCOUTOUNAS M.
Trésorier-adjoint : M. DOIRAT F.

GROUPE DE MOUROUX

Président : M. A. THOMAS.
Vice-Président : M. A. MARIE.
Secrétaire : M. A. TROUILLOT.
Trésorier : M. G. LEFÈVRE.

Les avantages réservés aux Familles Nombreuses

Les familles nombreuses assurent la vie du pays; sans elles la France disparaîtrait rapidement.

Ces familles, sur lesquelles retombe, d'une façon abusive, le poids des impôts indirects; pour lesquelles la cherté de la vie est une source de graves difficultés, et qui, en cas de guerre, paient l'impôt du sang beaucoup plus lourdement que les autres, ne reçoivent pas de l'État et de leurs concitoyens le concours pécuniaire et les encouragements qu'elles méritent. Ce qui a été obtenu pour elles n'est, certes, pas négligeable, mais ce ne doit être qu'un premier pas dans une voie où il est indispensable de s'engager largement pour éviter un effondrement de la natalité française.

Si ces avantages ont été obtenus, c'est grâce à nos associations. Il faut que les pères et mères de familles nombreuses le comprennent et viennent, sans tarder, grossir les rangs de nos associations. Plus nous serons nombreux, plus nous aurons le droit de faire entendre notre voix.

Prenons donc pour devise celle du noble peuple belge :

“ L'UNION FAIT LA FORCE ”

Les Droits des Familles Nombreuses

ALLOCATIONS NATIONALES

Loi d'encouragement aux familles nombreuses du 22 juillet 1923

Toute famille de nationalité française (c'est-à-dire dont tous les membres — père, mère, enfants — sont français), non assujettie au paiement de l'impôt global sur le revenu et comptant quatre enfants vivants légitimes ou légitimés, reçoit de l'Etat une allocation annuelle de 360 fr. par enfant à partir du troisième; 540 fr. pour le quatrième et suivant. Entrent seuls en ligne de compte les enfants âgés de moins de 13 ans; cet âge est porté jusqu'à 16 ans pour les enfants placés en apprentissage ou poursuivant leurs études, pour les infirmes et les incurables.

Toutefois, l'allocation est accordée au deuxième enfant de moins de 13 ans pour les femmes veuves ou abandonnées, au troisième pour les hommes seuls ou veufs. Cette allocation ne se cumule ni avec l'allocation d'assistance aux familles nombreuses, ni avec les indemnités pour charges de famille versées par le département et les communes à leurs fonctionnaires. Elle est payable par mois, à terme échu.

Procédure

La demande doit être faite par le père, à son défaut par la mère; à défaut de l'un ou de l'autre, par le tuteur. Cette demande est faite à la mairie de la résidence du déclarant, sur papier libre, signée et légalisée.

La demande mentionne :

1° Les noms, prénoms, date et lieu de naissance, résidence, profession, nationalité du déclarant;

2° Les noms, prénoms, date, lieux de naissance et de résidence des enfants vivants de moins de 13 ans, des enfants de plus de 13 ans et de moins de 16 ans ayant un contrat écrit d'apprentissage en cours d'études, infirmes ou atteints de maladies incurables;

3° L'attestation du déclarant qu'il ne reçoit ni l'allocation d'assistance aux familles nombreuses (loi du 14 juillet 1913), ni les indemnités pour charges de famille allouées par l'Etat, les départements ou les communes à tous leurs fonctionnaires civils et militaires.

A l'appui de cette déclaration doivent figurer les bulletins de naissance des enfants, un certificat du percepteur constatant la non-imposition du déclarant au rôle de l'impôt sur le revenu et, éventuellement, le contrat d'apprentissage, le certificat du chef d'établissement scolaire ou l'attestation médicale, concernant un ou plusieurs enfants de 13 à 16 ans, le certificat de décès, d'absence, de disparition de l'un des deux conjoints s'il y a lieu. Le maire délivre le récépissé de la déclaration ainsi faite qui est adressée sur le champ au Préfet.

Les pièces de toute nature dont la production est nécessaire pour l'obtention des allocations sont dispensées de l'obligation du timbre.

Le *cumul* des allocations nationales avec les allocations familiales professionnelles, n'est interdit qu'autant que les entreprises versant ces dernières allocations sont concessionnaires des services publics et qu'elles sont obligées, soit par un texte de loi ou un règlement d'administration publique, soit par leur cahier des charges ou par une convention annexée à leur cahier, de verser ces allocations familiales.

Lorsque les entreprises concessionnaires de services publics versent à leur personnel des allocations familiales *de leur plein gré*, ces allocations professionnelles peuvent se cumuler avec les allocations nationales. (Avis du Conseil d'Etat, 2 mars 1927.)

ASSISTANCE AUX FAMILLES NOMBREUSES

(*Loi des* 14 *juillet* 1913 *et* 30 *avril* 1926)

Depuis le vote de la loi d'encouragement national et en raison des dispositions postérieures qui ont permis aux veuves ayant deux enfants ou aux veufs pères de trois enfants d'en bénéficier également, *les familles de nationalité française n'ont plus intérêt à demander le bénéfice de la loi d'assistance du* 14 *juillet* 1913. Cette loi intéresse aujourd'hui les familles étrangères : *italiennes, polonaises, belges et luxembourgeoises,* pour lesquelles il existe entre la France et le gouvernement de leur pays d'origine un traité de réciprocité concernant l'application des lois d'assistance.

Les familles étrangères ci-dessus mentionnées dont les ressources ont été reconnues — après enquête officielle — insuffisantes pour élever les enfants légitimes ou reconnus dont elles ont la charge, peuvent, grâce à la loi du 14 juillet 1913 et aux lois de finances la complétant, toucher une ou plusieurs allocations d'assistance annuelles. Le montant de chaque allocation est de 270 à 300 francs suivant les communes (210 francs à la charge exclusive de l'Etat, 60 à 90 francs à la charge collective de l'Etat, des départements et des communes.

a) *Si le père et la mère sont tous deux vivants*, la famille a droit à autant d'allocations qu'il y a d'enfants de moins de 13 ans, moins 3.

b) *Si le père est seul*, par suite du décès ou de l'abandon de la mère, la famille a droit à autant d'allocations qu'il y a d'enfants de moins de 13 ans moins 2.

c) *Si la mère est seule* (père mort, interné ou disparu), la famille a droit à autant d'allocations qu'il y a d'enfants de moins de 13 ans, moins 1.

d) Si, par suite du décès du père et de la mère, un parent a recueilli les enfants, il n'a droit à l'allocation que s'il a recueilli au moins 4 enfants de moins de 13 ans et il touche alors autant d'allocations qu'il a recueilli d'enfants de moins de 13 ans moins 3.

Entrent seuls en ligne de compte les enfants âgés de moins de 13 ans, et les enfants de 13 à 16 ans pour lesquels un contrat écrit et régulier d'apprentissage a été passé entre leurs parents et le patron.

En vertu du décret du 25 décembre 1927, ne peuvent bénéficier de l'application de cette loi, les apprentis qui étant nourris gratuitement par le maître ou patron, reçoivent, en outre, un salaire supérieur à 35 fr. par mois ou ceux qui, ne bénéficiant pas de cet avantage en nature, touchent un salaire dépassant 3 fr. 50 par jour. La nouvelle loi du 20 mars 1928, relative à l'organisation de l'apprentissage, prescrit dans son article 2 que si le père, la mère ou le représentant d'un mineur entendant l'employer comme apprenti, ils seront obligatoirement tenus d'en faire la déclaration au secrétariat du Conseil des Prud'hommes ou, à défaut, au Greffe de la Justice de Paix de leur résidence. Cette déclaration sera assimilée dans tous ses effets à un contrat écrit d'apprentissage. En conséquence, un chef de famille qui se conforme à ces prescriptions peut désormais bénéficier de l'encouragement national aux familles nombreuses pour son fils qu'il prend en apprentissage chez lui.

Procédure

Toute personne qui désire bénéficier de la loi ci-dessus, doit adresser au Maire de sa commune, une demande écrite sur papier libre, où elle mentionnera : 1° qu'elle appartient à l'une des nationalités plus haut indiquées, ou bien qu'elle est française; 2° qu'elle réside depuis plus d'un an dans la commune ou, dans le cas contraire, indiquer où elle a résidé depuis deux ans; 3° le montant de ses ressources; 4° les noms, prénoms, âge des enfants de moins de 13 ans, et des apprentis de 13 à 16 ans à sa charge, s'il y a lieu. Elle joindra à cette lettre, les extraits de naissance des enfants (délivrés gratuitement), l'extrait du rôle des contributions, une copie du contrat d'apprentissage.

Récépissé de cette demande est obligatoirement délivré par le Maire aux postulants : *Les certificats, significations, jugements, contrats et tous actes faits en vertu de la présente loi sont dispensés du timbre et enregistrés gratis.* Les formalités dans les campagnes sont pratiquement faites par MM. les Secrétaires de Mairies.

Recours

C'est le Conseil municipal qui statue à la plus prochaine réunion sur la demande d'assistance et qui dresse la liste des bénéficiaires.

Si la demande est rejetée, le postulant peut, dans les vingt jours qui suivent le dépôt des listes, faire appel de la décision municipale devant la Commission cantonale, par une lettre sur papier libre adressée au Maire de la Commune, qui est obligé de la transmettre à la Commission cantonale. Celle-ci statue dans le délai d'un mois. Le Sous-Préfet, notifie dans les huit jours au Maire la décision motivée de la Commission cantonale, dont les intéressés sont informés sans délai par les services de la Mairie. Si la Commission cantonale a confirmé le refus du Conseil municipal, le postulant peut, dans le même délai de vingt jours, envoyer à la Préfecture une lettre de réclamation à la Commission centrale d'assistance au Ministère de l'Intérieur, à Paris.

ALLOCATIONS AUX FEMMES EN COUCHES

Repos et primes d'allaitement

(Lois des 17 *juin et* 30 *juillet* 1913, 2 *décembre* 1917 *et* 24 *octobre* 1919. *Décret des* 17 *et* 26 *décembre* 1913. *Articles* 22 *et* 29 *a,* 54 *et* 164 *du Code du Travail.)*

Toute française, salariée ou non, si elle établit qu'elle manque de ressources suffisantes, peut, à la suite d'une demande qu'elle adresse au Maire de sa commune, obtenir, pendant les quatre semaines de repos suivant ses couches (et les quatre semaines les précédant, si elle produit un certificat médical) une allocation journalière qui varie de 2 fr. 50 à 7 fr. 50 suivant les communes. Cette allocation est majorée, si elle allaite elle-même son enfant, de 0 fr. 50 pendant les quatre semaines suivant les couches.

D'autre part, si elle a obtenu le bénéfice de l'assistance aux femmes en couches, elle a droit égalemnt *à un prime d'allaitement* de 15 francs par mois pendant 12 mois, si elle nourrit son enfant au sein. Cette prime est portée à 45 fr. pendant les six premiers mois.

L'allocation aux femmes en couches et la prime d'allaitement peuvent être accordées à toute femme indigente, dès la naissance du premier enfant. En pratique elle ne l'est qu'à partir du troisième.

Toute femme en état de grossesse apparente peut quitter l'établissement où elle travaille sans délai-congé et sans avoir à payer de ce fait à l'employeur une indemnité. La suspension du travail pendant 12 semaines consécutives dans la période qui précède ou qui suit l'accouchement ne peut être une cause de rupture, par l'employeur, du contrat de louage de services et ce, à peine de dommages-intérêts au profit de la femme. Il suffit à celle-ci de produire un certificat médical établissant qu'elle est dans une siuation de grossesse avancée.

Au cas où l'absence de la femme, par suite d'une maladie attestée par certificat médical comme résultant de la grossesse ou des couches mettant l'intéressée dans l'incapacité de reprendre son travail, se prolongerait au delà du terme fixé à l'alinéa précédent (12 semaines sans excéder 15 semaines), l'employeur ne pourra lui donner congé pendant cette absence. Toute convention contraire est nulle de plein droit (loi du 4 janvier 1928).

Pendant quatre semaines à dater de l'accouchement il est interdit d'employer des femmes accouchées dans les établissements industriels et commerciaux.

Procédure

Se reporter à celle indiquée ci-dessus pour l'assistance aux familles nombreuses et faire la demande de la même manière. Toutefois, il est nécessaire de faire des demandes séparées et distinctes pour l'une et l'autre de ces lois.

PRIMES A LA NATALITÉ

Le décret du 30 avril 1920 et l'article 92 de la loi de finances du 30 avril 1921 accordent une large subvention de l'Etat aux départements et aux communes qui instituent des primes de natalité; la subvention s'applique aux primes comprises entre 100 et 1.000 francs accordées au troisième enfant et aux suivants. (Pour quelques départements à partir du quatrième ou du cinquième enfant).

Ces primes sont versées à toutes les familles, quelle que soit leur situation de fortune. Elles sont en général payables moitié à la naissance, moitié quand l'enfant a atteint un an, à la Mairie du domicile du bénéficiaire et sous réserve d'un certain délai de résidence qui varie suivant les départements.

En vertu du décret du 17 juillet 1928, le droit à la prime est conservé aux parents qui ont quitté le département ou la commune depuis moins d'une année accomplie.

Au 1er janvier 1930, 63 départements ont un réglement départemental de primes à la natalité s'appliquant à toutes les communes sans distinction. Quinze départements accordent des primes à la natalité ou des subventions dans ce but aux communes ayant, elles-mêmes, institué un système municipal de primes à la natalité. Six département réservent la prime à la natalité aux familles indigentes; six autres enfin n'ont institué aucun système de prime. A l'heure actuelle, plus de 30.000 communes bénéficient de l'institution des primes à la natalité.

Pour tous renseignements et formalités, s'adresser aux mairies.

Règlement des primes à la natalité en Seine-et-Marne

Article premier. — Il est créé dans le département de Seine-et-Marne, et en dehors de toute intervention des communes à la base, une prime dite prime à la natalité, qui, sous les conditions prévues au présent règlement, est allouée à la naissance de chaque enfant de nationalité française à titre définitif, au delà du second, même si les deux premiers sont de nationalité étrangère.

Art. 2. — Cette prime est accordée aux mères d'enfants légitimes, légitimés ou naturels reconnus ayant, depuis un an au moins, leur résidence habituelle dans le département au jour de naissance de l'enfant qui donne droit à la prime.

Toutefois, les mères de famille qui, ayant acquis droit à la prime départementale viendront ensuite à quitter Seine-et-Marne, conservent le droit à la prime pendant l'année qui suit leur départ, à moins qu'elles n'aient, avant ce délai, acquis droit à une prime de cette nature dans le département de la nouvelle résidence.

Art. 3. — Le taux de la prime est fixé comme suit :

200 fr. pour le troisième enfant;

300 fr. pour le quatrième enfant;

400 fr. pour le cinquième enfant;

500 fr. pour le sixième enfant et au-dessus.

Art. 4. — Les primes sont, sur demande déposée à la mairie ou à la préfecture dans les trois mois de la naissance de l'enfant, accordées à toutes les familles quelle que soit leur situation.

Elles sont payées en deux fractions égales.

La première fraction est acquise dès la naissance, pourvu que l'enfant soit né vivant, et est mandatée sur production d'une attestation du maire de la commune dans laquelle est né ou élevé l'enfant, que celui-ci est en vie et à la charge de la pétitionnaire.

Le solde est acquis dès que l'enfant a atteint l'âge d'un an pour être mandaté dans les mêmes conditions que la première fraction. Dans les centres où fonctionne une consultation de nourrissons, le solde pourra être refusé, s'il est établi que la mère a négligé systématiquement d'y conduire son enfant (Conseil général, 14 mai 1928).

Art. 5. — Les paiements sont valablement effectués par les percepteurs, entre les mains de la mère de l'enfant ou de la personne qui en a la charge.

Art. 6. — Si les communes, suivant l'exemple du département, décident d'adhérer au présent règlement et d'accorder une prime à la natalité le département majorera le taux fixé à l'article 3 d'une somme égale au montant de la prime communale. Cette majoration formera avec les primes communale et départementale une prime unique qui sera payée en deux parties égales dans les conditions indiquées à l'article 4 ci-dessus.

Art. 7. — Le service départemental fera l'avance de la prime communale et recouvrera sur la commune le montant de sa participation, déduction faite de la subvention accordée par l'Etat au département, dans les conditions déterminées par l'article 92 de la loi de finances du 30 avril 1921.

Les communes bénéficieront ainsi de la subvention de l'Etat proportionnellement au montant de leur contribution.

Art. 8. — Toutes les dispositions contraires au présent règlement, qui aura effet à partir du 1er janvier 1926, sont et demeurent rapportées.

Art. 9. — A chaque déclaration de naissance, un exemplaire du présent règlement sera remis aux familles par les Maires.

Avis important. — Tous les pères de familles nombreuses sont invités à réclamer, le cas échéant, le payement des *primes de natalité* auxquelles ils ont droit. Ceux qui ne voudront pas en conserver le montant sont priés de le reverser dans la caisse de la Fédération départementale des familles nombreuses.

Pères de Familles nombreuses, reclamez le vote familial, c'est par lui que vous aurez tout le reste

ASSURANCES SOCIALES

(Loi du 5 avril 1928)

Tout salarié des deux sexes dont la rémunération annuelle totale, quelle qu'en soit la nature, à l'exclusion des allocations familiales, ne dépasse pas 18.000 francs, majorée de 2.000 francs par enfant à partir du deuxième réellement à la charge de l'assuré, et diminuée de 3.000 francs pour le salarié sans enfant à sa charge, est obligatoirement affilié aux assurances sociales créées par la dite loi. Cette affiliation le garantit des risques suivants : maladie, invalidité prématurée, vieillesse, décès; elle lui assure l'assistance de l'Etat en matière de maternité et, dans certaines circonstances, la coopération de l'Etat à ses charges de famille.

I. — *Maternité.* — Pendant la grossesse et les six mois qui suivent l'accouchement, l'assurée et la femme de l'assuré ont droit dans la proportion de 80 %, aux *soins médicaux, et de* 85 % *aux prestations pharmaceutiques.* En outre, six semaines avant ses couches et six semaines après, l'assurée jouit de plein droit d'une indemnité égale à son demi-salaire quotidien, à condition qu'elle cesse tout travail salarié.

II. — *Allaitement. — L'assurée qui allaite son enfant a droit* durant la période d'allaitement et pendant un an au maximum, *à une allocation mensuelle* spéciale de 100 francs pendant les deux premiers mois, de 75 francs pendant le troisième, de 50 francs du quatrième au sixième, de 25 francs du septième au neuvième, de 15 francs du dixième au douzième, soit au total 545 *francs pour* 12 *mois.*

L'assurée qui, par suite de maladie grave ou d'incapacité physique constatée par le médecin, se trouve dans l'impossibilité absolue d'allaiter son enfant, peut, si l'enfant est élevé chez elle et pendant la durée de sa convalescence et de sa maladie recevoir, pour la durée et pour les quantités indiquées par le médecin, des bons de lait dont la valeur n'excédera dans aucun cas les deux tiers de la prime d'allaitement, c'est-à-dire pour l'année 363 francs.

III. — *Maladie. — En cas de maladie, l'assuré, son conjoint et leurs enfants non salariés de moins de* 16 *ans bénéficient,* à partir du sixième jour de la maladie et *pendant six mois au maximum, de prestations médicales, jusqu'à concurrence de* 80 %, *des prestations pharmaceutiques, d'hospitalisation et de traitement, dans la proportion de* 85 %*;l'assuré a droit également dans le même temps à une allocation journalière équivalent à* 50 % *de son salaire quotidien.*

Cependant cette allocation journalière est réduite en cas d'hospitalisation : du tiers si l'assuré a un ou plusieurs enfants de moins de 16 ans, de la moitié si l'assuré est marié sans enfant, ni ascendant à sa charge, des trois quarts dans tous les autres cas.

IV. — *Invalidité. — Après six mois de maladie et en cas d'invalidité d'au moins* 75 % *l'assuré affilié avant l'âge de* 30 *ans a droit à une pension égale à* 40 % *de son salaire moyen annuel.* Si l'assuré est *affilié après l'âge de* 40 *ans, cette pension de* 40 % *est diminuée d'un trentième par année d'âge entre* 30 *ans et l'âge d'affiliation.*

V. — *Vieillesse. — L'assuré bénéficie, dès qu'il atteint l'âge de* 60 *ans, d'une pension de retraite,* à condition qu'à cet âge (ou jusqu'à l'âge de 65 ans) il ait cotisé pendant 30 ans. Cette pension de retraite correspond à 40 % de son salaire moyen annuel.

VI. — *Décès.* — *Les ayants droit de l'assuré (conjoint, enfants, ascendants) reçoivent en cas de décès de celui-ci un capital représentant au total 20 % de son salaire annuel moyen.*

VII. — Pensions d'orphelins. — Les veuves des assurés ayant au *moins trois enfants vivants, légitimés ou reconnus, de moins de 13 ans ont droit à une pension temporaire d'orphelin pour chacun de leurs enfants de moins de 13 ans au delà du second. Si ces enfants sont orphelins de père et de mère, chacun d'eux, s'ils sont âgés de moins de 13 ans, bénéficie d'une pension temporaire.*

Sont assimilés aux enfants de moins de 13 ans, ceux de 13 à 16 ans pour lesquels il sera justifié qu'il a été passé un contrat écrit d'apprentissage ou qu'ils poursuivent des études dans des éablissements publics ou privés, ou qu'ils sont infirmes ou incurables.

Ces pensions se cumulent avec les allocations de la loi d'assistance aux familles nombreuses et avec celles de la loi d'encouragement national. Le montant de ces pensions ne peut être inférieur à 90 francs par an et par enfant bénéficiaire.

VIII. — *Charges de famille.* — Par charges de famille on entend les enfants légitimes, naturels, reconnus ou recueillis de plus de 6 semaines et de moins de 16 ans, non salariés, à la charge de l'assuré.

En plus des avantages plus haut indiqués en cas de maladie, d'invalidité, de grossesse ou de décès, la loi sur les assurances sociales fait bénéficier l'assuré ou ses ayants droit :

1° D'une *majoration de l'indemnité journalière* attribuée à l'assuré pendant les six mois de maladie, et en outre à l'assurée pendant pendant la période de grossesse et d'accouchement *égale à 50 centimes par enfant.*

2° D'une *majoration de 100 francs par an et par enfant de la pension d'invalidité de l'assuré.*

3° D'une *majoration de capital de 100 francs par enfant en cas de décès.*

Lorsque, dans une famille, le mari et la femme ont droit en même temps aux prestations des assurances, il n'est attribué qu'une majoration pour charges de familles.

IX. — *Assurance spéciale des femmes d'assurés.* — Les femmes non salariées des assurés sont admises au bénéfice d'une assurance spéciale : leur cotisation est de 10 francs par mois; elles bénéficient des prestations médicales et pharmaceutiques et des primes d'allaitement comme les salariées assurées, d'une pension d'invalidité de 250 francs par an en cas d'incapacité totale de vaquer aux soins du ménage, d'une pension de vieillesse d'au moins 250 francs par an, d'une allocation au décès de 240 francs.

En outre, les femmes ainsi assurées peuvent, si elles deviennent veuves ou divorcées, continuer à bénéficier de cette assurance spéciale; elles conservent pour elles et pour leurs enfants le droit aux prestaions médicales et pharmaceutiques.

Les prestations en argent ou en nature peuvent se cumuler avec les allocations accordées aux familles nombreuses par la loi d'assistance du 14 juillet 1913 et par celle d'encouragement national du 22 juillet 1923. Elles ne peuvent avoir pour conséquence de réduire les avantages supplémentaires qui découlent de la loi du 19 décembre 1922 sur les allocations familiales accordées à leur personnel par les entreprises soumissionnaires de travaux d'Etat.

Toutefois les femmes assurées qui ont droit aux prestations des assurancs sociales en cas de maternité ne peuvent plus réclamer le bénéfice de la loi sur les femmes en couches ou de la loi sur les primes d'allaitement.

RETRAITES OUVRIÈRES ET PAYSANNES

(Loi du 5 avril 1910)

A la retraite normale dont jouissent ces bénéficiaires, vient s'ajouter une bonification de un dixième pour tout assuré qui a élevé au moins trois enfants jusqu'à 16 ans.

ALLOCATIONS FAMILIALES PROFESSIONNELLES

En sus du salaire normal, les ouvriers ou employés de certaines maisons commerciales, industrielles ou d'exploitation agricole, reçoivent pour chacun de leurs enfants une allocation spéciale qui leur est attribuée dans des conditions déterminées par les patrons. Ces allocations sont généralement versées aux bénéficiaires par l'intermédiaire d'organismes spéciaux appelés « Caisse de Compensation ».

L'allocation mensuelle varie de 15 à 60 francs par enfant, selon les caisses et selon le nombre des enfants de l'intéressé. Quelques employeurs versent également des allocations à la naissance, sortes de primes à la natalité, des primes d'alllaitement, des allocations spéciales aux enfants en cas de maladie ou d'accident du travail.

A côté des 231 Caisses de Compensation patronales, industrielles et agricoles, qui groupent plus de 1.800.000 salariés, il est important de noter les très nombreux employeurs qui font directement bénéficier leur personnel d'un régime d'allocations familiales. De ce nombre sont les Compagnies minières et celles des chemins d fer. On évalue à environ 880 millions le versement annuel qui en résulte, réparti sur près de 3 millions de travailleurs.

Si, à ces sommes, on ajoute le montant des indemnités pour charges de famille, payées par les Administrations publiques, on obtient un total de 1 milliard 510 millions de francs annuellement réparti sur 4.172.000 salariés.

Une loi du 19 décembre 1922 impose aux soumissionnaires des marchés de travaux publics effectués par l'Etat, l'obligation de servir des allocations familiales à leur personnel; elle autorise les départements et communes à insérer une clause analogue dans leurs cahiers des charges.

Pères de Familles nombreuses, réclamez le vote familial, c'est par lui que vous aurez tout le reste

SERVICE MILITAIRE

(Loi du 31 mars 1928)

A. — *Libération anticipée ou vieillissement de classe des pères de familles nombreuses.*

« Tout homme des réserves père de deux enfants vivants est classé, « dès la naissance de son deuxième enfant, dans la classe de mobilisa- « tion plus âgée de 4 ans que sa classe d'incorporation.

« *Tout homme des réserves père de trois enfants vivants est classé dès la naissance de son troisième enfant dans la plus jeune classe de la deuxième réserve;* à partir du moment où la classe de mobilisation plus âgée de six ans que sa propre classe d'incorporation passe dans la deuxième réserve, il en suit le sort.

« *Les pères de quatre et cinq enfants vivants sont classés, dès la naissance de leur quatrième enfant, dans la classe la plus âgée de la deuxième réserve.*

« Les bénéficiaires des dispositions des trois alinéas qui précèdent attendent dans la dernière classe de la deuvième réserve le moment où leur classe d'incorporation est libérée de toute obligation militaire.

« *Les pères de six enfants vivants ou d'un nombre plus élevé d'enfants sont libérés de toute obligation militaire dès la naissance de leur sixième enfant.* »

Pour obtenir automatiquement ce changement de classe, tout homme encore soumis aux obligations militaires fait fournir par la mairie de sa résidence et adresser au bureau de recrutement une carte postale du modèle prévu en application de la note ministérielle du 12 août 1923, qui atteste la naissance de l'enfant du postulant. Il n'est pas tenu compte en matière de changement de classe des déclarations qui n'ont pas été faites dans le délai d'un mois avant la publication du décret de mobilisation, sauf le cas où ces déclarations résultent d'une situation nouvelle.

B. — *L'aîné des fils de toute famille comptant au moins cinq enfants vivants ou morts pour la France ne fait qu'un an de service au lieu de dix-huit mois.* (Ancienne loi du 1er avril 1923 dont les effets demeurent jusqu'en 1930).

C. — *En vertu de la loi du 27 décembre 1927, les jeunes gens mariés ou veufs et pères de trois enfants vivants au moins n'accomplissent que douze mois de service actif.*

Des sursis peuvent être demandés de 20 à 25 ans pour les soutiens de famille.

Les demandes de sursis sont adressées aux Maires dans les deux mois qui précèdent le Conseil de revision, transmises pour avis du Conseil municipal et envoyées par la Préfecture au Conseil de revision qui statue.

Si deux frères sont appelés la même année, l'un des deux, normalement le plus jeune, ne fait son service qu'à l'expiration de celui de son frère.

D. — *Il est accordé une allocation militaire journalière aux soutiens de familles reconnues nécessiteuses.*

Cette allocation est accordée d'abord aux familles des jeunes gens appelés qui sont mariés et pères de famille, ensuite aux veuves et aux familles de quatre enfants et plus, enfin aux autres familles nécessiteuses. A cette allocation s'ajoutent des majorations en fonction du nombre d'enfants âgés de moins de 16 ans à la charge du soutien de famille.

Ces allocations et ces majorations s'il y a lieu, sont également accordées aux soutiens de familles nécessiteuses, au cours de leurs périodes d'instruction dans la réserve ou la territoriale. Le taux des allocations ou majorations est fixé annuellement par la loi de finances La loi de finances du 30 décembre 1927 a fixé à 1 fr. 60 par jour l'allocation journalière avec une majoration de 2 francs pour le premier enfant, 2 fr. 50 pour le deuxième, 3 francs pour le troisième, 3 fr. 50 à partir du quatrième et pour chacun des suivants. Ces taux ont été maintenus par la loi de finances de 1928.

Les demandes d'allocations militaires sont faites par les familles au maire de leur commune, qui en délivre récépissé. A la demande doivent être joints le relevé des contributions certifié par le percepteur, l'état certifié par le maire du nombre et de la position des membres de la famille, ainsi que les revenus et ressources de chacun d'eux.

E. — *Dispense de participation aux opérations lointaines.*

Le décret du 14 septembre 1929 prévoit que les jeunes gens n'accomplissant qu'un an de service pourront être, dans la mesure des besoins, envoyés en Afrique du Nord. Exception sera faite en ce qui concerne les jeunes gens appartenant à certaines catégories comme : les jeunes gens mariés avec ou sans enfants et ceux qui sont veufs avec enfants, les fils d'une famille de cinq enfants au moins, ceux dont le père ou deux frères sont morts pour la patrie ou sont décédés des suites de la guerre, les fils aînés de veuves et les aînés d'orphelins de père et de mère, les omis, mariés et pères de famille.

F. — *Naturalisés.*

Les individus devenus Français par voie de naturalisation, réintégration ou déclaration faite conformément aux lois, ou reconnus tels à la suite d'un jugement, sont portés sur les tableaux de recensement de la première classe formée après leur changement de nationalité.

Les individus inscrits sur les tableaux de recensement en vertu du présent article sont incorporés en même temps que la classe avec laquelle ils ont pris part aux opérations de recrutement. Ils sont tenus d'accomplir le même temps de service actif, sans que, toutefois, cette obligation ait pour effet de les maintenir sous les drapeaux en dehors des cas prévus aux articles 16, 40 et 46 de la nouvelle loi de recrutement;

Les pères de deux ou plusieurs enfants vivants, au delà de leur vingt-septième année révolue;

Les pères d'un enfant vivant, au delà de leur vingt-huitième année révolue;

Les autres au delà de leur trentième année révolue.

Ils suivent ensuite le sort de leur classe d'âge.

Pères de Familles nombreuses, réclamez le vote familial, c'est par lui que vous aurez tout le reste

RÉDUCTIONS D'IMPOTS

(Décret du 24 octobre 1926 portant codification des textes législatifs en matière d'impôts sur les revenus. Loi de finance du 30 décembre 1928. Loi portant dégrèvements du 29 décembre 1929.)

A. — *En ce qui concerne l'impôt global sur le revenu, l'impôt cédulaire sur les traitements et salaires, l'impôt cédulaire sur les bénéfices agricoles la réduction joue des deux manières.*

1° *Par l'augmentation de la déduction à la base :*

Cette augmentation varie suivant qu'il s'agit de l'impôt général sur le revenu, de l'impôt cédulaire sur les traitements et salaires, de l'impôt cédulaire sur les bénéfices agricoles.

B. — *En matière d'impôt général sur le revenu (loi du 29 décembre 1929.)*

La déduction générale de 10.000 fr. est augmentée de 5.000 francs si le contribuable est marié (ou veuf ayant des enfants, nés d'un précédent mariage, à sa charge), puis d'une nouvelle augmentation de 3.000 francs pour chacune des personnes à sa charge, autres que les *enfants mineurs*.

Par personnes à charge on entend les *ascendantes* veuves de plus de 60 ans, vivant avec le contribuable et à sa charge exclusive, les *ascendants* de plus de 70 ans ou infirmes, les *enfants recueillis* s'ils sont âgés de moins de 21 ans ou infirmes, *ainsi que les parents en* ligne collatérale infirmes et à la charge exclusive du contribuable.

En ce qui concerne les enfants mineurs à la charge du chef de famille la déduction est fixée à 4.000 francs pour le premier enfant, à 5.000 francs pour le second, à 6.000 francs pour le troisième et ainsi de suite avec progression de 1.000 francs à chaque nouvelle déduction.

C. — *En matière d'impôt cédulaire sur les traitements et salaires. (Loi* de finance du 30 décembre 1928).

La déduction générale de 10.000 francs est augmentée de 3.000 francs si le contribuable est marié, puis de 3.000 francs pour chacun des deux premiers enfants de moins de 18 ans et non salariés et de 4.000 francs pour chacun des enfants à partir du troisième. Enfin, il est prévu une déduction supplémentaire de 2.000 francs par personne à charge, quel qu'en soit le nombre, dans les conditions indiquées ci-dessus.

D. — *En matière d'impôt cédulaire sur les bénéfices agricoles. (Loi du 29 décembre 1929.)*

Le contribuable exploitant soumis à l'impôt sur les bénéfices agricoles a droit à une déduction de 500 francs s'il est marié, et à autant de déductions supplémentaires de 500 francs qu'il a de personnes à sa charge (ascendantes, ascendants, collatéraux, enfants recueillis et infirmes, etc.).

L'impôt ne porte que sur la fraction du revenu qui, défalcation faite des déductions familiales ci-dessus, excédera 2.500 francs.

Les allocations familiales professionnelles... reçues par le contribuable n'entrent pas en ligne de compte dans le calcul du revenu soumis à l'impôt.

2° Par une *réduction* du taux qui frappe le revenu taxable, taux différent suivant que ce revenu taxable est inférieur ou supérieur à 30.000 francs.

Si le revenu imposable des intéressés (défalcation faite des déductions pour charge de famille) *ne dépasse pas 30.000 francs,* le taux de réduction est le suivant :

Pour chacune des deux premières personnes à charge : 10 %.

Pour chacune des autres personnes à charge à partir de la troisième : 20 %.

Dans le cas d'un revenu imposable *supérieur* à 30.000 francs le taux de réduction s'établit ainsi :

5 % pour *chacune des trois premières* personnes à charge.

10 % pour *chacune* des autres personnes à *partir de la quatrième* sans que le montant total de la réduction puisse excéder 3.000 francs par personne, en ce qui concerne l'impôt global sur le revenu et 500 francs s'il s'agit des différents impôts cédulaires.

b) Pour les autres impôts cédulaires et pour la contribution foncière, il n'y a pas de déduction à la base, mais application des taux de réduction indiqués ci-dessus.

Tous renseignements complémentaires pourront être demandés au Contrôleur des contributions directes dont dépend le contribuable.

Pour s'assurer le bénéfice des réductions d'impôt, il faut remplir avant le 1er mars des formules spéciales que l'on trouve dans les mairies.

L'impôt sur le revenu est majoré de 25 % pour les célibataires ou divorcés n'ayant ni enfant ni personne à leur charge, âgés de plus de 30 ans; de 10 % pour les mariés sans enfants, âgés de plus de 30 ans, après deux ans de mariage.

Les dispositions du paragraphe ci-dessus ne sont pas applicables aux contribuables titulaires d'une pension d'invalidité de 40 % et plus, ni aux contribuables dont tous les enfants sont morts.

TAXE SUCCESSORALE

La taxe successorale n'est pas applicable si le défunt laisse au moins 2 enfants vivants ou représentés. Dans le cas contraire elle consiste dans une taxe supplémentaire progressive et par tranche sur le capital net global de la succession. Cette taxe varie de 3,60 % à 40 % si le défunt ne laisse pas d'enfant vivant, de 1,20 % à 25,80 % s'il laisse un enfant.

DROITS DE MUTATION PAR DÉCÈS

Dans toute succession, si le défunt laisse plus de 4 enfants vivants ou représentés, il est déduit de l'actif global net, pour la liquidation des droits de mutation, 10 % par enfant en sus du quatrième, sans que cette déduction puisse excéder 15.000 francs par enfant.

Réduction des droits de mutation suivant la situation de famille de l'héritier. — Lorsqu'un héritier donataire ou légataire aura 4 enfants ou plus vivants au moment de l'ouverture de la succession, les droits à percevoir en vertu du paragraphe ci-dessus seront diminués de 10 % pour chaque enfant en sus du troisième, sans que la réduction puisse dépasser 2.000 francs par enfant et que la réduction globale puisse excéder 50 %.

RÉDUCTIONS SUR LES DONATIONS

Donations-partages. — Les droits ,qui sont de 5,40 % quand il n'y a que 2 enfants, sont ramenés à 3 % quand il y en a plus de 2.

Donations par contrat de mariage à des descendants. — Les droits sont de 6,60 %, 5,40 %, 4,20 %, selon qu'il y en a un, deux ou trois enfants et plus.

Donations entre époux hors contrat de mariage. — Les droits sont de 13,80 %, 11, 40 %, 9 % ou 6,60 0/0, selon qu'il n'y a pas d'enfant, ou qu'il y en a un, deux, trois et plus.

ASSOCIÉS EN NOM COLLECTIF ET IMPOT SUR LES BÉNÉFICES COMMERCIAUX

(Loi du 30 juin 1923)

Dans les Sociétés en nom collectif, chacun des associés est imposé personnellement pour la part des bénéfices sociaux correspondant à ses droits dans la Société; dans les Sociétés en commandite simple, l'impôt est établi au nom de chacun des commandités pour sa part respective des bénéfices et, pour le surplus, au nom de la Société.

Il résulte de ces dispositions que chacun des associés en nom collectif peut bénéficier personnellement de la réduction fiscale à laquelle lui donnent droit ses charges de famille.

PENSIONS AUX ENFANTS D'UNE VICTIME D'UN ACCIDENT DE TRAVAIL SUIVI DE MORT

(Lois des 1er avril 1899, 12 avril 1906 et 15 juin 1914.)

Les enfants ont droit à une rente calculée sur le salaire annuel de la victime à raison de 15 % s'il n'y a qu'un enfant, de 25 % s'il y en a deux, de 35 % s'il y en a trois, de 40 % s'il y en a quatre ou davantage.

Pour les enfants orphelins de père et de mère, la rente est portée pour chacun d'eux à 20 % du salaire du décédé.

Cette législation est à la veille d'être sensiblement modifiée et améliorée.

Pères de Familles nombreuses, réclamez le vote familial, c'est par lui que vous aurez tout le reste

INSAISISSABILITÉ DU MOBILIER DES FAMILLES NOMBREUSES NÉCESSITEUSES

(Loi du 14 avril 1917).

En vertu de l'article 593 du Code de procédure civile, le mobilier meublant, le linge, les vêtements et objets de ménage appartenant aux familles protégées par l'article 2 de la loi du 14 juillet 1913, relative à l'assistance aux familles nombreuses régulièrement inscrites sur les listes dressées pour l'exécution de la dite loi ne pourront être saisies pour aucune créance.

ATTRIBUTION DE BOURSES, TROUSSEAUX ET DÉGRÈVEMENTS DANS LES ÉTABLISSEMENTS NATIONAUX DE BIENFAISANCE

(Orphelinats, hospices, maisons de santé, sanatoria, etc.)

(Décret du 8 janvier 1921, articles 3 et 4, J. O. du 13 janvier)

Toute demande de bourse, trousseau, dégrèvements et secours de toute nature ne sera recevable que si elle indique, avec les renseignements nécessaires sur la situation de fortune des intéressés, le nombre et l'âge de leurs enfants.

Pour l'attribution des bourses, trousseaux, dégrèvements et secours de toute nature, il sera tenu compte en toute première ligne des charges de familles des intéressés.

A moins de circonstances tout à fait exceptionnelles (infirmités graves des parents, veuves dépourvues de ressources), *il ne sera pas accordé de bourse entière,* entraînant un dégrèvement total des frais d'entretien, *aux personnes ayant moins de 3 enfants.*

ENSEIGNEMENT

A. - Enseignement secondaire, primaire supérieur et technique

Le décret du 12 février 1926 (*J. O.* du 14 février) spécifie que, pour l'*obtention de bourses* nationales dans les établissements publics d'enseignement secondaire, primaire supérieur et technique de garçons et de filles, *il est tenu compte* notamment, *du nombre des enfants vivants* du pétitionnaire et de sa situation de fortune.

L'arrêté du 15 février 1926 demande la production, au moment de l'inscription, d'une feuille de renseignements indiquant entre autres choses : le nombre des frères et sœurs du postulant, avec leur âge et leur profession s'il y a lieu, l'aide déjà accordée par l'Etat, les départements et les communes pour l'un ou l'autre des enfants, le total des impositions payées par les parents, les ressources totales par an et par enfant de la famille, les charges de famille, etc.

La Commission départementale d'attribution des bourses comprend parmi ses 9 membres 3 pères de familles nommés par le Préfet, choisis autant que possible dans les groupements patronaux ou dans les groupements ouvriers et faisant partie des associations d'anciens élèves.

B. — Tarifs scolaires

La présence simultanée de plusieurs enfants de nationalité française, de la même famille (frères ou sœurs, enfants adoptifs ou recueillis) *dans un ou plusieurs établissements d'enseignement secondaire* de l'Etat (lycées ou collèges ou cours secondaires) *donne lieu à une réduction de prix* appelée remise de principe. Le montant de la remise de principe est variable en raison du nombre d'enfants présents simultanément dans les établissements d'enseignements secondaire public, Il n'est pas tenu compte des enfants pour lesquels la famille n'acquitte aucune rétribution scolaire.

Pour deux enfants, la remise de principe est de 12,50 %.

Pour trois enfants, elle est de 15 %.

Pour quatre enfants, elle est de 20 %.

Pour cinq enfants et plus, la remise de principe est de 25 %.

Les remises de principe portent uniquement sur les frais d'externat simple, d'externat surveillé et sur ceux de demipension et de pension lorsque ces derniers sont encaissés pour le compte de l'Etat.

Pour pouvoir bénéficier de la remise de principe, les familles doivent présenter, au moment du paiement, des certificats attestant, pour chacun des enfants, qu'ils sont en cours d'études dans un établissement d'enseignement secondaire public et qu'ils n'y bénéficient pas de la gratuité.

Aucune remise de principe ne peut être accordée avec effet rétroactif.

AVANTAGES RÉSERVÉS AUX FONCTIONNAIRES PÈRES DE FAMILLES NOMBREUSES

1° *Indemnités pour charges de famille* (Loi du 29 décembre 1929).

Les fonctionnaires civils et militaires, pères de famille, bénéficient d'indemnités pour charges de famille s'élevant par an à :

660 francs pour le premier enfant;

960 francs pour le second;

1.560 francs pour le troisième.

1.920 francs pour le quatrième et chacun des suivants.

Ces indemnités ne sont allouées qu'à raison des enfants âgés de moins de 16 ans ou incapables de travailler. Toutefois, les enfants au-dessous de 18 ans pour lesquels il a été passé un contrat d'apprentissage ou ceux âgés de moins de 21 ans qui poursuivent des études auront droit aux mêmes indemnités.

2° *Majorations de pensions aux fonctionnaires* (Loi du 15 avril 1924).

La pension des fonctionnaires civils et militaires est majorée de 10 % pour les titulaires ayant élevé trois enfants jusqu'à l'âge de 16 ans. Si le nombre de ces enfants est supérieur à trois, il est accordé une majoration supplémentaire de 5 % par enfant au delà du troisième.

Pour un *même enfant*, la majoration ne se cumule pas avec l'indemnité pour charges de famille. Un fonctionnaire retraité peut donc toucher à la fois des indemnités pour charges de famille pour ses plus jeunes enfants et des majorations de pensions pour ceux qui ont atteint 16 ans ou davantage.

En vertu de l'article 63 de la loi de finances du 27 décembre 1927, ces majorations peuvent désormais porter la pension jusqu'à la *limite du dernier traitement* d'activité.

Si, au moment où il cesse ses fonctions d'activité, le bénéficiaire d'une pension d'ancienneté ou d'invalidité a des enfants âgés de moins de 16 ans, sa pension est majorée des indemnités pour charges de famille dont il bénéficiait pendant l'activité.

Les orphelins ont droit, jusqu'à 21 ans, à une pension égale à 10 % de la retraite d'ancienneté attribuée ou qui aurait pu être attribuée au père.

3° *Rapprochement des fonctionnaires mariés* (Loi du 30 décembre 1921.)

Dans toute administration, lorsqu'il a été satisfait aux lois sur les emplois réservés, 25 % des postes vacants, au cours de l'année, dans chaque département, sont réservés aux fonctionnaires qui, étrangers au département, sont unis par le mariage, soit à des fonctionnaires du département, soit à des personnes qui y ont fixé leur résidence depuis plus d'un an.

4° *Age de la retraite des fonctionnaires.* (Loi de finances du 30 juin 1923).

Ne peuvent être mis à la retraite avant soixante ou soixante-cinq ans, selon qu'ils appartiennent au service actif ou au service sédentaire, les fonctionnaires civils, pères d'au moins trois enfants vivants, qui désirent conserver leurs fonctions, à condition qu'au moment où ils entrent dans leur cinquante-cinquième ou soixantième année, ils soient en état de continuer à assurer leur emploi.

Dix départements ont appliqué cette mesure à leurs fonctionnaires départementaux, ce sont : les Alpes-Maritimes, les Ardennes, la Drôme, l'Eure, le Gers, le Loiret, le Lot, la Seine, le Tarn et le Territoire de Belfort.

Paris, Lyon, Strasbourg ont consenti à leurs fonctionnaires municipaux les mêmes avantages.

5° *Avantages divers.*

Les fonctionnaires pères de famille peuvent bénéficier également des avantages ci-dessous :

Gratuité de l'externat libre pour le fils des *membres de l'enseignement secondaire et primaire* (loi du 31 décembre 1911) et *du personnel de l'enseignement public* supérieur, à condition que leur traitement ne dépasse pas un certain plafond variable selon le nombre de leurs enfants.

Nomination de faveur, dans une ville comportant un établissement d'enseignement, pour les percepteurs mariés et pères de famille (décret du 25 février 1921).

Les mêmes avantages, comportant la nomination à un poste, ou le droit de refuser leur changement, sans perdre leur droit à l'avancement, par dérogation au tableau des mutations, ont été accordés aux postiers pères d'au moins 3 enfants au-dessous de 18 ans qui veulent faire instruire leurs enfants dans une ville où se trouve un établissement d'enseignement.

Les institutrices ont droit, pour leurs couches, à un congé de deux mois complets, sans réduction de traitement (indépendamment de leur congé annuel ou d'un congé pour maladie), elle peuvent le prendre moitié avant, moitié après leurs couches. Elles ne peuvent reprendre le service qu'après examen médical et un nouveau congé de deux mois, également payé, peut encore leur être accordé. Ces dispositions ont été également prévues pour les employées des P.T.T.

En vertu de l'article 42 de la loi du 20 mars 1928, ces mêmes dispositions sont étendues aux dames employées appartenant au cadre permanent de l'administration ou des établissements de l'Etat.

SOCIÉTÉS DE SECOURS MUTUELS

Primes à la maternité

Un très grand nombre de sociétés de secours mutuels du département de Seine-et-Marne versent *à leurs sociétaires* des primes de maternité dont le montant varie suivant les sociétés.

On en trouvera la liste au numéro 2 de la *Famille*, organe de la Fédération départementale des familles nombreuses de Seine-et-Marne (avril 1925) et dans le *Mutualiste de Seine-et-Marne*.

RÉDUCTIONS SUR LES FRAIS DE VOYAGE

Sur le prix des billets de chemins de fer (simples et aller et retour) il est accordé aux familles françaises comptant trois enfants ou plus, âgés de moins de dix-huit ans, une réduction qui est de 30 % pour les familles de trois enfants, 40 % pour les familles de quatre enfants, 50 % pour les familles de cinq enfants, 60 % pour les familles de six enfants et 70 % pour les familles de sept enfants et plus.

Ces réductions sont accordées aux pères et mères et à chacun des enfants ayant moins de dix-huit ans, sur présentation d'une carte d'identité délivrée par la gare la plus proche du domicile.

De plus une réduction de 30 % est consentie, leur vie durant, aux pères et mères de familles nombreuses, dont le nombre des enfants vivants, quel que soit leur âge, augmenté du nombre des enfants morts pour la France, a été à un moment quelconque, à partir du 10 août 1923, au moins égal à cinq.

Il en est de même pour les parents qui ont précédemment bénéficié d'une réduction d'au moins 50 % en raison de leurs charges de famille.

Les certificats de vie délivrés par les maires, en vue d'obtenir des réductions de tarif, doivent être établis sur papier timbré.

RÉDUCTIONS DIVERSES

Chemins de fer départementaux

Chemins de fer départementaux. — Dans les familles comptant au minimum trois enfants de moins de 16 ans, et dont le chef n'est pas inscrit au rôle de l'impôt général sur le revenu, le père, la mère et chacun des enfants de moins de 16 ans bénéficieront, sur présentation d'une carte d'identité spéciale, strictement personnelle, d'une réduction de 50 % sur les prix (majoration et impôts compris) des billets simple à place entière. De 3 à 7 ans, les enfants paieront la moitié des prix résultant des dispositions ci-dessus.

Ces dispositions sont actuellement appliquées sur les réseaux exploités par la *Compagnie des chemins de fer départementaux* (Montereau à Souppes, Souppes à Château-Landon, La Ferté-sous-Jouarre à Montmirail, Lagny à Mortcerf), la *Société générale des chemins de fer économiques* (Bray-sur-Seine à Sablonnières, Jouy-le-Châtel à Marles, Melun à Verneuil-l'Etang), sur la *ligne de Meaux à Dammartin,* ainsi que sur les réseaux exploités par la *Société des tramways-sud de Seine-et-Marne.*

Les cartes délivrées par l'un quelconque des réseaux départementaux sont valables sur les trois autres.

Réductions sur les dépenses faites dans les stations hydrominérales et climatiques

(*Loi du 24 septembre* 1929)

Ces réductions sont les mêmes que celles qui sont accordées sur les chemins de fer; elles sont consenties sur présentation de la carte de chemin de fer.

Réductions sur les dépenses faites dans les établissements thermaux

(*Arrêté du* 28 *mai* 1920)

Des réductions dont le taux est le même que pour les billets de chemins de fer et qui portent sur la totalité des dépenses faites par des familles de trois enfants et plus, sont accordées dans les établissements thermaux d'Aix-les-Bains, de Bourbon-l'Archambault, Bourbonne-les-Bains, Luxeuil, Méris, Plombières, Vichy, etc.

Réductions sur les prix d'entrée dans les musées

Une réduction de 50 % sur les prix d'entrée dans les musées et palais nationaux est accordée aux familles nombreuses sur présentation de leur carte de chemin de fer.

Voir dans les pages en couleur les listes de commerçants accordant des réductions à nos adhérents.

AVANTAGES DIVERS

Droits d'octroi. — Les villes de Melun et de Coulommiers ont décidé de ristourner aux familles nombreuses, une part proportionnelle sur le produit des droits d'octroi. A Melun, la ristourne est de 50 fr. par an pour le troisième enfant de moins de 16 ans, de 100 fr. pour deux enfants ouvrant droit, ainsi de suite, à raison de 50 fr. par enfant de moins de 16 ans, sous réserve que les ayants-droit aient au moins un an de résidence à Melun et ne soient pas inscrits au rôle de l'impôt général sur le revenu. Pour toucher, se renseigner à la mairie.

A Coulommiers, le montant de la ristourne varie suivant le produit de l'octroi de l'année envisagée (déduction faite des droits de perception). Même condition de résidence.

Enseignement. — Les frais d'instruction sont réduits de 12,50 % par enfant, quand un père de famille les fait élever simultanément dans un ou des établissements secondaires de l'Etat.

Pour le concours des bourses, un arrêté du 2 avril 1922 a tenu compte du nombre des enfants pour fixer la moyenne nécessaire à l'écrit des différents candidats. Celui qui appartient à une famille de trois enfants doit obtenir la moyenne 15; cette moyenne est ramenée à 12,5 si la famille est de quatre ou cinq enfants et à 10 si elle comprend six enfants et plus.

Impositions locales. — Aux termes des lois des 13 juillet 1903 et 20 juillet 1904, le conseil municipal, dans les agglomérations de plus de 5.000 habitants, et sous réserve de l'approbation du préfet, peut établir, en ce qui concerne l'assiette de la contribution mobilière, c'est-à-dire la détermination du loyer matriciel, une déduction de base sur le loyer réel, déduction fixe ou majorée, en raison des charges de famille du contribuable.

A Melun, cette déduction de base est fixée à 250 fr., augmentée d'un dixième pour chaque personne au-dessus de la première qui se trouve à la charge du contribuable et vivant à son domicile. Cette augmentation sera portée à trois dixièmes par personne en sus de la première pour les contribuables qui ont plus de trois personnes à leur charge, sans que, toutefois, la déduction puisse dépasser le triple du minimum de loyer.

Pour bénéficier de ces déductions, une déclaration spéciale doit être faite dans le courant du mois d'octobre, au contrôleur des contributions directes. Elle servira pour l'année suivante.

EXONÉRATIONS DE LA TAXE SUR LES DOMESTIQUES ET PRÉCEPTEURS

Sont exonérés de la taxe sur les domestiques instituée à Paris par la loi du 29 décembre 1920, les personnes qui, *n'ayant qu'un seul domestique,* ont réellement à leur charge :

Deux enfants de moins de 16 ans ou un ascendant de plus de 70 ans ou un descendant infirme.

L'exonération s'appliquera à *deux domestiques* lorsque le nombre des ascendants, infirmes ou enfants âgés de moins de 16 ans vivant sous le même toit sera de quatre au moins.

Si ces chefs de famille ont *plus de deux domestiques*, quel que soit le nombre de leurs enfants ou ascendants à charge, ils sont soumis au paiement intégral de la taxe sans exonération.

MÉDAILLE DE LA FAMILLE FRANÇAISE

(*Décret du* 28 *mars* 1920)

Cette médaille est destinée à rendre hommage au mérite des mères de famille françaises qui ont donné de nombreux enfants au pays et à leur témoigner la reconnaissance de la nation.

Ne peuvent obtenir la médaille que les mères qui, par leurs soins éclairés, leur activité laborieuse, auront fait un constant effort pour inspirer à leurs enfants, dans les meilleures conditions d'hygiène physique et morale, l'amour du travail et la probité.

La médaille est en bronze pour les mères ayant ou ayant eu cinq enfants légitimes simultanément vivants; en argent pour huit enfants; en argent doré (dite médaille d'or) pour dix enfants.

Les enfants tués à l'ennemi ou morts des suites de la guerre sont assimilés aux enfants vivants.

Les propositions adressées aux maires, sont transmises au Ministère de l'Hygiène qui statue, après avis de la Commission départementale de la Natalité, du Préfet et du Conseil Supérieur de la Natalité.

***

Les Communes suivantes accordent une prime spéciale aux Mères de familles nombreuses recevant la médaille :

Melun : 50 fr., médaille de bronze; 75 fr., médaille d'argent.

Vaux-le-Pénil : 50 fr., médaille de bronze; 100 fr. médaille d'argent.

Champagne : 50 fr.

Thomery : 100 fr.

LOGEMENT

Logement de la classe ouvrière et prêts aux petits propriétaires ruraux. (*Lois du* 12 *avril* 1908, *du* 23 *décembre* 1912, 5 *août* 1920, 19 *avril* 1921 *et* 13 *juillet* 1928.)

I. — *Subventions.*

En vertu de la loi Loucheur, l'Etat accorde des subventions aux particuliers, construisant pour les occuper avec leur famille des habitations à bon marché. Ces subventions sont fixées à 5.000 francs pour une famille comprenant au moins 3 enfants de moins de 18 ans (ou pupilles de la Nation), majorées de 2.500 francs pour chaque enfant de moins de 18 ans en sus de trois, sans pouvoir toutefois dépasser 15.000 francs.

D'autre part, en vertu de la loi Ribot, l'Etat accorde des subventions aux communes, offices publics, sociétés d'Habitations à bon marché, bureaux de bienfaisance, caisses d'épargne, etc., qui construisent des maisons à bon marché, destinées à être affectées à des familles de plus de trois enfants âgés de moins de 16 ans.

II. — *Constructions.*

La loi du 5 décembre 1922 autorise les sociétés de crédit immobilier à prêter aux sociétés coopératives d'*Habitations à bon marché* dont tous les actionnaires ont plus de 3 enfants, les sommes nécessaires en vue de construire ou d'acquérir des maisons collectives, louées jusqu'à concurrence des 2/3 aux familles nombreuses.

Les communes et les départements sont autorisés à construire des habitations à bon marché sous la réserve que les deux tiers du montant des valeurs locatives seront affectés à des familles de plus de 3 enfants.

La loi Loucheur a autorisé les organismes constructeurs à émettre des emprunts pour la réalisation du programme de constructions prévues par ladite loi. L'Etat intervient en participant au paiement des intérêts de telle façon que la charge incombant aux organismes émetteurs ne dépasse pas 2 %.

En vertu de la même loi, les avances consenties aux offices, aux sociétés ou aux particuliers sont ramenées du taux de 4 % à 2,50 ou 2,75 %. Les départements et communes pourront s'intéresser à la construction en abaissant par une participation maxima de 1,50 % le taux d'intérêt fixé à 2,50 % des prêts envisagés.

III. — *Droit à l'habitation.*

Le décret du 9 janvier 1923 exige des départements et des communes qu'ils réservent *de préférence* aux familles nombreuses et notamment aux familles de *six enfants* au moins cette accession à la propriété et au logement à bon marché.

Les acquéreurs de petites exploitations rurales, ou de jardins ouvriers ont la faculté de demander aux Caisses de Crédit agricole ou aux Sociétés de Crédit immobilier les sommes nécessaires au paiement de ces exploitations ou de ces jardins. Ces sommes peuvent leur être avancées en totalité ou en partie, et la durée de l'amortissement des prêts doit être ordonnée en tenant compte du *nombre des enfants* de l'emprunteur. Les familles nombreuses d'au moins six enfants profiteront du délai maximum de vingt-cinq ans prévu par la loi du 5 août 1920.

Dans les habitations à bon marché construites par les départements, communes, offices publics, sociétés habilitées à cet égard, les deux tiers de la valeur locative de ces habitations doivent être affectés à des familles *de plus de trois enfants* âgés de moins de seize ans.

Les particuliers qui empruntent aux organismes prévus, les sommes nécessaires à l'acquisition ou à la construction des maisons individuelles et des logements à bon marché qu'ils occuperont, sont dispensés de l'apport personnel du *cinquième,* s'il sont pensionnés de la loi du 31 mars 1919 ou invalides du travail et s'ils ont les uns et les autres un taux d'invalidité égal ou supérieur à 50 %. Il en sera de même pour les veuves de guerre mères de famille non remariées, ainsi que pour les particuliers qui, lors de la conclusion du prêt, auront deux enfants de moins de dix-huit ans ou pupilles de la nation à leur charge. S'ils n'ont à cette époque qu'un enfant de moins de dix-huit ans ou pupille de la nation à leur charge, ils auront à effectuer un apport de 2.000 francs; s'ils n'ont aucun enfant de moins de dix-huit ans ou pupille de la nation à leur charge, cet apport sera porté à 4.000 francs.

Pour les pensionnés de la loi du 31 mars 1919 ou les invalides du travail ayant les uns et les autres un taux d'invalidité de 25 à 49 % inclus, les apports ci-dessus fixés sont réduits de moitié.

Sans préjudice des dispositions prévues aux deux premiers alinéas du présent article, l'apport sera réduit à 2.000 francs si l'emprunteur est un artisan qui dispose d'un petit atelier et est installé pour l'exercice de sa profession dans une commune rurale.

IV. — *Bien de Famille.*

La loi du 12 juillet 1909 a constitué le *bien de famille* insaisissable, dont la valeur limite ne peut dépasser actuellement 40.000 francs. Ce bien de famille soumis au régime de l'indivision, échappe en une certaine mesure au morcellement prévu par notre régime successoral. Le père de famille nombreuse n'en peut pas être dépossédé par un créancier.

V. — *Exonérations fiscales.*

Les propriétaires constructeurs, les sociétés anonymes et coopératives bénéficient d'immunités fiscales : exonération pendant douze ans (15 ans en vertu de la loi Loucheur), de la contribution foncière des propriétés bâties, des portes et fenêtres, dispense des droits de timbre pour leurs titres d'action et d'obligation, affranchissement de l'impôt sur le revenu, exemption de la taxe des biens de main-morte, etc.

En vertu également de la loi Loucheur, les bénéficiaires de cette loi qui achèteront des maisons individuelles ou des logements pour les occuper personnellement dans un délai maximum de deux ans après achèvement de leur construction ou dans *un délai de 2 ans après la promulgation de la loi* pour les maisons construites avant cette promulgation, seront *exonérés du droit proportionnel de 12 % fixé par l'article 30 de la loi du 4 avril* 1926.

VI. — *Formalités.*

En ces matières, s'adresser aux Sociétés d'habitations à bon marché. Offices publics, Caisses de Crédit immobilier, Crédit agricole, répartis sur toute l'étendue du territoire, par l'intermédiaire de la préfecture du département. Consulter également le rapport annuel du Conseil Supérieur des Habitations à bon marché qui donne le relevé par département de ces divers organismes actuellement existants.

DOTATIONS AUX FAMILLES NOMBREUSES

Fondation Cognacq-Jay

Première fondation. — 90 *prix annuels de* 25.000 *francs accordés aux familles nombreuses pauvres, ayant au moins neuf enfants* nés du même lit, vivants ou morts pour la France dont le père et la mère, nés Français, n'ont pas dépassé l'âge de quarante-cinq ans au 31 janvier de l'année de la demande.

Deuxième fondation. — 100 *prix annuels de* 10.000 *francs accordés* à cent jeunes ménages français ayant au moins cinq enfants légitimes, le père et la mère n'ayant pas dépassé l'âge de 35 ans au 31 juillet de l'année de la demande (dernière limite rigoureuse).

Formalités. — Demandez au Secrétariat de l'Académie Française, 23, quai Conti, un exemplaire du formulaire imprimé à cet effet; l'envoyer, après l'avoir rempli, en y joignant les pièces indiquées dans le dit questionnaire.

Fondation de M. Hardy

M. Hardy, industriel, et maire de Fontenay-Trésigny (Seine-et-Marne) a bien voulu prendre à sa charge 20 orphelins, appartenant a des familles nombreuses de 5 enfants et plus.

Ces enfants sont élevés de 6 à 13 ans à l'Orphelinat de Fontenay-Trésigny. Les demandes doivent parvenir au Secrétaire de la Fédération qui est chargé d'établir les dossiers.

Groupe de Melun et environs

Liste des Commerçants accordant des réductions aux adhérents

MEUBLES : M. Minotte, rue de l'Hôtel-de-Ville, 3 0/0.

CYCLES ET ACCESSOIRES : MM. Boin, place Praslin, 5 0/0 ; Blanchard, rue du Palais-de-Justice, 10 0/0.

T. S. F. : M. Isambert, rue du Palais, 5 0/0.

CHAPELLERIE : M. Leloup, 37, rue Saint-Aspais, 5 0/0 ; Mme Lefebvre, rue Saint-Aspais, 5 0/0.

PHOTOGRAPHIE : M. Gabriel, rue Saint-Aspais, 5 0/0, plus l'exonération majoration de groupe.

BAS ET CHAUSSETTES : M. Cohen, 2, quai de la Courtille, 5 0/0.

PHARMACIENS : Tous les pharmaciens feront 5 0/0.

PAPIERS PEINTS : M. Bauer, rue de France, 10 0/0.

DENTISTES : MM. Menant, boulevard Gambetta, soins et appareils, 15 0/0, Navel, boulevard Charles Gay, soins 10 0/0, appareils 15 0/0.

CHARBONS : MM. Barchon, avenue Thiers, Thion, avenue Thiers, Deblicker, rue Jacques-Amyot, Boria, boulevard Gambetta, 20 francs par tonne.

CHAUSSURES : *Chaussures Berthelot*, 32, rue Saint-Aspais, *Maison Herphelin*, 29, rue de France, M. Cuzençon, rue du Palais-de-Justice, 5 0/0.

QUINCAILLERIE, ARTICLES DE MÉNAGE : MM. Bellemond, Roland successeur, 22, rue Carnot, Simon, rue de l'Hôtel-de-Ville, 5 à 10 0/0, suivant les articles.

LIBRAIRIE, PAPETERIE : MM. Unger, rue Saint-Aspais, 10 0/0, Chanu, 23, rue Carnot, 5 0/0, sauf les journaux.

IMPRIMERIE : M. Legrand, 23, rue Bancel, 10 0/0.

BAZAR : *Galeries Melunaises*, 5 0/0.

COUTELLERIE, ETC. : M. Robert, rue Saint-Aspais, 5 0/0.

HORLOGERIE, BIJOUTERIE : M. Gossoin-Camus, 11, r. Carnot, 5 0/0.

En outre, il existe au groupe de Melun un service d'achats en commun pour le charbon et les pommes de terre. Se renseigner au secrétariat.

Pères de Familles nombreuses

réclamez le vote familial

c'est par lui que vous aurez le reste

Groupe de Brie-Comte-Robert

Liste des Commerçants accordant une réduction aux adhérents

	Réduction pour cent.
« A l'Olivier », maison Gérard (produit Gil), 21, rue de l'Eglise, sur tous les articles.	5
sur sucre, sel, pétrole, essence, cristaux de soude, café	2
M. Pontonne, papéterie-chaussures, rue Charles-Leblond.	5
M. Lacou, herboriste, place de l'Hôtel-de-Ville	5
M. Vautier, nouveautés-confections, place du Marché .	5
M. Durand Francis, chaussures, 8, rue de l'Eglise. . .	5
M. Tendil « Aux Stocks », chaussures-confections, rue Charles-Leblond	5
M. Courteix, chaussures, 10, place du Marché	8
M. Hennet, toiles, rue des Martinets	5

Ces réductions ne seront consenties que sur présentation de la carte de l'année.

Groupe de Coulommiers

Liste des Commerçants de Coulommiers faisant des réductions aux Membres du Groupe.

Ameublement, toile, literie : M. Cornet, 15, place du Marché, 5 0/0.

Bois, charbons, quincaillerie : MM. Vallée, place du Marché, 5 0/0 ; Porthuis, place du Marché, H. Foy, 36 et 38, rue de Melun, selon articles.

Charcutiers : MM. Langlais, place Saint-Denis, 10 0/0, sur tous achats ; Leriche, 26, rue Beaurepaire, saindoux, pris au kilo, 15 0/0, lard gras, pâté de foie, fromage de tête, boudin, 10 0/0 ; porc frais, côtelettes, lard maigre, chair à saucisses, saucisses, 5 0/0 ; Touret, 34, rue de Melun, 10 0/0.

Chauffage, éclairage : M. Malvoisine, 5, rue Le Valentin, 8 0/0.

Grains : M. Moiville, rue de la Ferté-sous-Jouarre, 5 0/0.

Cordonniers : MM. Boquet, 3, rue de Melun (réparations), 10 0/0, Herbin, rue de Melun (confection), 6 0/0, Philippon, rue du Palais-de-Justice (confection), 5 0/0 ; Mulot, av. de Rebais (réparat.), 10 0/0.

Nouveautés, confections, mercerie, chapellerie : *La Grande Maison Bleue*, 9 et 11, rue de la Pêcherie, 10 0/0, sauf sur soldes ; *Au Gaspillage*, 8, rue de la Pêcherie, 10 0/0 ; *Nouvelles Galeries*, 18, rue Beaurepaire, 5 0/0 ; MM. Marignot-Rousseau, rue Beaurepaire, 5 0/0 ; Metzger, 39, rue Beaurepaire, 10 0/0, sauf sur les vêtements Lafond ; Félendler, 24, rue de Melun, 10 0/0.

Papeterie : Brouiller, rue de la Pêcherie, 10 0/0, sauf sur journaux, revues, livres.

Vins : M. Huet, avenue Gastellier, 2 0/0.

Boucherie : M. Perrotin, rue de Melun, 10 0/0.

Épicerie : Gilmn, 2, place du Marché, 5 0/0, sauf sucre, pétrole, essence.

Fruitier : M. Venet, 10, rue du Marché, 5 à 10 0/0, selon articles.

Faïences, porcelaines, verrerie et vannerie : MM. Tellier, 13, rue de Paris et rue de la Pêcherie, Gérard Pesnel, 37, rue Beaurepaire, 10 0/0.

Marée et salaisons : M. Leblanc, rue de La Ferté-sous-Jouarre, 5 0/0.

Coutellerie, cycles, machines à coudre : M. Pardon, 33, rue de la Pêcherie, 5 0/0.

Groupe de Rebais

M. Moussay, négociant en vins, 5 0/0 ; M. Manche Ernest, charcutier-restaurateur, 3 0/0 ; M. Bouvier-Tarisien, confections et nouveautés, 3 0/0 ; M. Grée Julien, épicerie-droguerie, 2 0/0.

Groupe de Provins et Environs

Lisle des Commerçants accordant des réductions aux adhérents

Réduction pour cent

Bouchers : M. Bailly, rue du Val.
— M. Bertrand, place Saint-Ayoul (sauf gigots, aloyaux et noix de veau) . . . 5
— M. Bertrand, rue Victor-Arnoult . . . 5
— M. Rocroi, rue du Val . . . 5
— M. Turenne, place du Val (sur tous morceaux) 5
— M. Grotte, rue du Val . . . 5
— M. Leblois, rue du Minage . . . 5

Chaussures : M. Générat, rue Abeilard, par enfant au-dessous de 16 ans . . . 1
Avec maximum de 10 % sur tout achat d'au moins 20 francs.
— M. Juillard, rue du Val . . . 5
— M. Dumax, rue du Val . . . 5

Quincaillerie, Ménage, Outillage, Chauffage :
M. Desmars, rue de la Friperie (suivant les articles) . . . 5 à 10
M. Bessière, rue Edmond-Nocard (suivant les articles) . . . 5
M. Viard, rue du Val (suivant les articles) . . . 5 à 10

Teinturerie : M. Boulanger, rue du Val . . . 10
— M. Drevet, rue Hugues-le-Grand (suivant les articles) . . . 5 à 10

Bourrellerie, Voitures d'Enfants : M. Mignot, rue Victor-Arnoult (suivant les articles) . . . 5 à 10

Imprimerie-Papeterie : M. Tissier, rue du Val (sauf les imprimés et les livres) . . . 7

Charbons : M. Martin, rue Courloison, 20 francs par tonne

Épicerie : M. Guyot, rue de la Cordonnerie (sauf sur sucre, pétrole, essence) . . . 5
— M. Rogue, rue Abeilard . . . 5

Pharmacie : M. Béjot, place Saint-Ayoul (sauf sur les spécialités et les eaux minérales) . . . 5
— M. Binet, rue de la Friperie . . . 5
— M. Boyer, rue du Val . . . 5
— M. Lauxerrois, rue de la Cordonnerie . . . 5

Bourrellerie, Sellerie, Clouterie : M. Prin, rue des Bordes (suivant les articles) . . . 5 à 10

Confections : M. Berthier, place du Val (suivant les articles) . . . 5 à 10

Mercerie : M. Portefaix, rue Abeilard (suivant les articles) . . . 5 à 10

FAIENCES, PORCELAINES, VANNERIE : M. Mirandel, rue Hugues-le-Grand (suivant les articles) . . . . . 5 à 10

M. Thibault, place Saint-Ayoul 5

COUTELLERIE : M. Woilque, rue du Val 10

AMEUBLEMENTS : M. Deschamps, rue Edmond-Nocart . . 3

PHOTOGRAPHIE : M. Lefébure, rue Hugues-le-Grand (sauf arrangements spéciaux pour les groupes 5

CHAPELLERIE : M. Giroux, rue de la Friperie (suivant les articles) . . . . 5 à 10

— M. Lambert, rue de la Cordonnerie . . . 10

ARMURERIE, CYCLES : M. Floret, rue de Friperie (sauf sur les munitions) 5

PEINTURE : M. Bessière, rue Courloison (sauf sur les papiers peints) 5

DROGUERIE, COULEURS, VERNIS ETC. : M. Deverge, 6, rue Hugues-le-Grand (suivant les articles, sauf sur les essences) . . . . 5 à 10

COKE : Usine à Gaz de Provins (sur le coke pris à l'usine) 10

BLANC : M. Trouillet, rue Abeilard 5

Groupe de Moret

Liste des Commerçants faisant des réductions aux membres des groupes

CHAMPAGNE-SUR-SEINE

MM. Drouet, nouveautés ; Passerotte, nouveautés ; Parouteau, nouveautés, 5 %.

MM. Moosman, bazar ; Lamesle, bazar, 5 %.

M. Margotin, tricots, 5 %.

M. Schnapel, chaussures, 5 %.

M. Lenot, chaussures, 5 %, sauf sur réparations.

M. Girard, vélos, 5 %, sauf sur essence.

MM. Grondeux, papeterie ; Déchambre, meubles ; Desvages, chapeaux ; Mme Rondet, chapeaux de dames, 5 %.

M. Riccio, peintre, 10 %.

M. Nicolas, charbons, 5 francs par tonne de charbon.

M. Guillet, vins, 5 frans par hecto.

MM. Ythier, coiffeur ; Pons, photographe, réductions diverses.

THOMERY

M. Poisot, mercerie, 5 %.

SAINT-MAMMÈS

M. Krop, confections-chaussures, 5 % sur articles classiques 10 % sur articles fantaisie.

MORET

Religieuses, sucre d'orge, 25 %.

TABLE DES MATIÈRES

www.ingramcontent.com/pod-product-compliance
Ingram Content Group UK Ltd.
Pitfield, Milton Keynes, MK11 3LW, UK
UKHW022152170726
13837UKWH00004B/1947